Seven Days Master Series

재테크 투자 전략
7일 만에 끝내기

나이토 시노부 지음
박유연 감수

살림

만화 재테크 투자 전략 7일 만에 끝내기

제1장 인생 설계 없는 그녀 3

제2장 그녀가 사는 의미 21

제3장 그녀의 에셋 얼로케이션 39

제4장 그녀의 프로스펙트 이론(전편) 55

제5장 그녀의 프로스펙트 이론(후편) 73

제6장 그녀의 투자 신탁 89

제7장 그녀와 그의 패러다임 107

제8장 그녀의 액티브 운용 12 125

제9장 게임오버된 그녀 141

제10장 그녀의 자산운용, 그리고 159

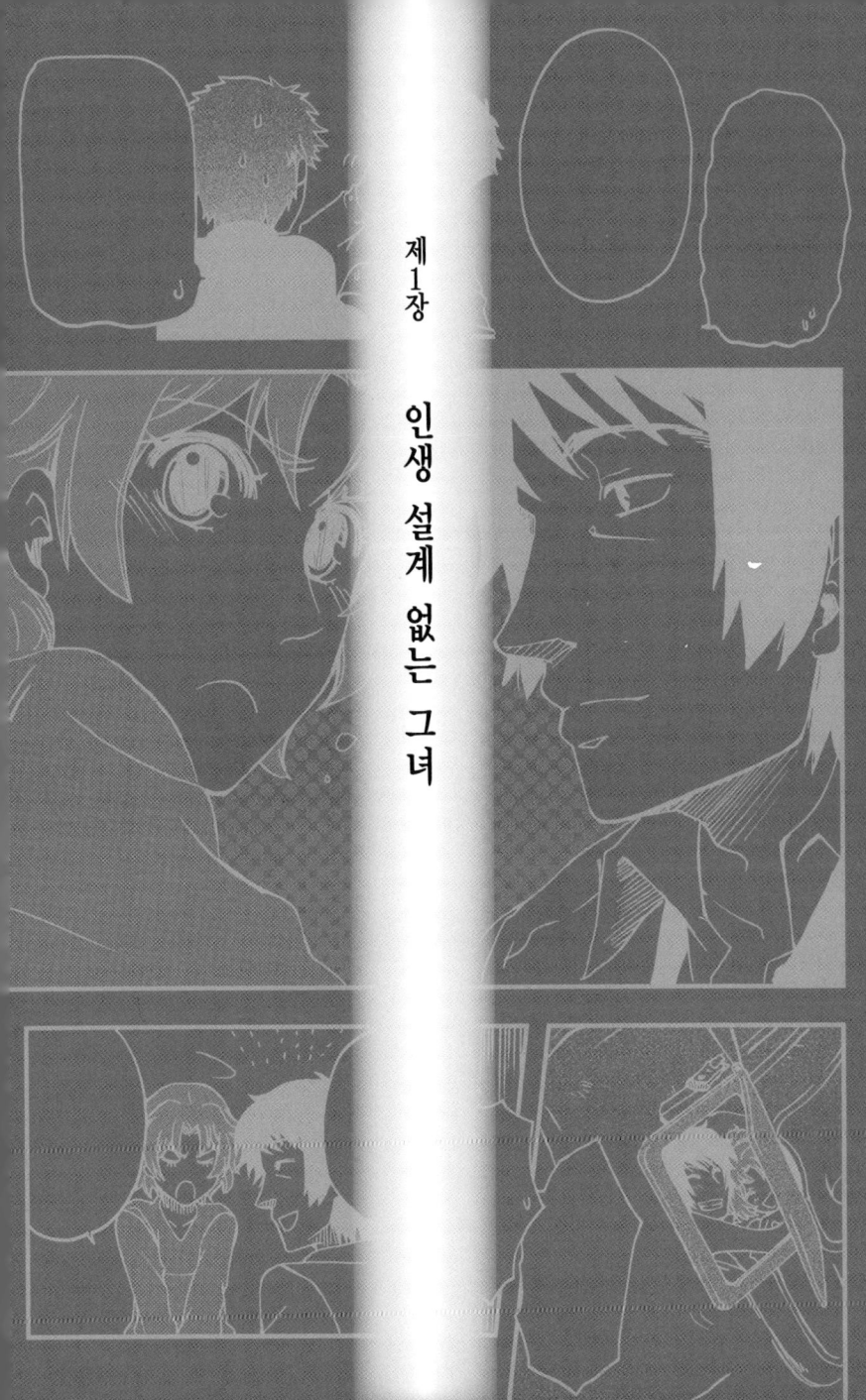

입학식

살림전문대학

예~스!

아, 네.
예비 영수증도
이렇게…

정말이에요~?

뿌뿍

유일한 구원이라면
대학 입학금과
일년 치 학비가
이미
납입됐다는 것.

입학식엔
갈 수
있겠다~♪

앗,
리나, 야베.
굿모닝~♪

우당탕

대체 뭐야,
오늘 아침에
보낸
이 문자는!

굿모닝은
무슨!

전혀

사치에~!

Fr.사치
Re:

카네코 사치에는
모든 것을 잃었습니다.
먼저 떠나는 불효를
용서하세요.

웅

웃을 일이
아니잖아!

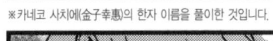

'돈'은 꿈의 일부일 뿐이다

재테크의 기본은 먼저 돈에 대해 긍정적인 태도를 갖는 데서 비롯됩니다. 돈을 더러운 것이 아니라 인생의 꿈을 이루어주는 도구로 생각하며 적극적으로 접근하는 것이 중요하다는 것입니다. 그렇다고 돈만 생각하는 물질만능주의자가 되라는 소리는 아닙니다.

"돈, 돈, 돈이라고 해서 딱히 천박한 소리를 하려는 것이 아니다. 물론 '이 세상은 돈이 전부'라는 생각이 드는 때도 있다. 그렇다고 돈의 노예가 되란 뜻은 아니다."

투자 어드바이저 카미시바 교수가 이야기한 것처럼 돈의 노예는 끝이 좋지 않다는 것을 역사가 증명해주고 있습니다. 돈만 있으면 뭐든지 할 수 있다는 것은 환상. 돈은 행복의 필요조건일 뿐, 충분조건은 아닙니다.

"꿈이 돈으로 이루어져 있다!"라고 해도, 돈은 어디까지나 일부에 불과하다는 점을 잊어선 안 됩니다.

'돈이 없다'라는 것을 변명으로 삼지 않는다

"돈이 없으니까……"라며 인생의 꿈을 포기하는 사람들이 많습니다. 한 번뿐인 소중한 인생인데, 참 안타까운 일이 아닐 수 없습니다. 지금 당장은 돈이 없어서 실현할 수 없는 일도, 앞으로 필요한 만큼의 돈이 생긴다면 이룰 수 있습니다. 처음부터 돈이 없다는 이유로 꿈을 포기할 필요는 없는 것입니다. 가난을 변명으로 삼지 맙시다. 우선 무엇을 해야 할지 고민하세요.

돈과 양호한 관계를 맺으려면 먼저 자신이 돈에 관심을 갖고 돈과 좋은 인연을 맺으려고 적극적으로 노력하는 것입니다. 돈을 천하게 여기지 말고 자신의 장래를 위해 중요한 것으로 여기세요. 그리고 이러한 생각을 바탕으로 행동을 시작하는 것입니다. 인생은 작은 계기를 통해 크게 달라지는 법. 현실을 그저 받아들이기만 해서는 아무것도 달라지지 않습니다.

돈으로 앞으로 살아갈 인생을 바꿀 수 있다

돈을 늘리는 방법이 꼭 직접 일해서 소득을 얻는 방법만 있는 것은 아닙니다. 직접 노동을 통해 자산을 불리는 것 말고도 돈을 일하게 만드는 방법이 있습니다. 그것이 바로 투자입니다. 즉, 자신이 노동자로서 일하는 것뿐만 아니라 '돈의 경영자'로서 가진 돈을 활용한다는 발상을 하는 것입니다.

직접 돈을 벌면서, 동시에 돈이 돈을 벌게 한다. 이 두 가지 힘을 합치면 돈과 좋은 관계를 형성할 수 있습니다.

지금은 자산이 없는 사람도 꿈을 포기할 필요는 없습니다. 왜냐하면 현재 당신의 상태보다 앞으로 어떻게 할 것인지가 당신의 미래를 결정하기 때문입니다.

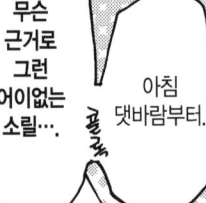

투자…
어드바이서?
다른 사람의 자산에 대해 어드바이스 해주는 일.
때론 관리나 운영까지 도맡아 하지.
?
쉽게 설명하자면…
왜 못 알아 듣는거지…? 바보인가…?
뭐, 개인 자산의 정신과 의사 같은 존재랄까?
흐-음
자산의 정신과 의사라….
누군가를 지켜주고 있단 뜻이로군요.

아참, 선생님. 오늘 알바비 들어와요! 집세 반 낼게요.

됐어.

그럴 순 없어요. 공과금도 정확하게 반땡해요.

7만이야.

어떻게 제 알바비를 알고 계시죠?

그게 아니라, 14만이라고. 집세만 해도.

그러니까 쓸데없는 데 신경 쓸 것 없어.

그보다 곧 할아버지 사십구재지? 집에 안 가봐도 돼?

세상에….

그래도 진짜 살벌하더라. 표정이 180도로 변하더니… 어우, 무서워~.
안녕~.
너희들 봤니? 미스프레 활동 중단한대!
완전 쇼크야!
어라…? 왜들 그래?
방금 그 대화, 오늘 일본 각지에서 얼마나 많이 오가고 있을까…?
뭐냐구 대체!
…….
철컥
선생님, 다녀 왔습니다.
그러니까!

다들 꿈을 적어보자.

갖고 싶은 것이든, 되고 싶은 것이든, 어떤 것이라도 좋아.

꿈은 이루어진다!

어떤 꿈이든 반드시!

사치?!

목표를 수치화하라

누구에게나 인생의 꿈이 있을 것입니다. 회사를 차리고 싶다, 유학을 가고 싶다, 해외에서 살고 싶다…. 하지만 그런 꿈을 실현하려면 돈이 필요합니다. 꿈을 이루고 싶다면 그 꿈을 실현시키는 데에 돈이 얼마나 드는지, 그리고 그 꿈을 언제까지 이룰 것인지 하는 계획이 필요합니다. 시간과 돈의 구체적인 숫자를 생각해봄으로써 실현 가능성을 높일 수 있습니다. 자기 인생의 구체적인 목표(비전)가 있다면 그것을 수치화하는 일이 중요합니다.

목표를 수치화할 때, 잊어선 안 되는 것이 목표 금액뿐만 아니라 목표 시기도 함께 설정해야 한다는 것입니다. 똑같은 목표 금액이라도 10년 후와 20년 후는 접근 방법이 달라지기 때문입니다.

당신은 꿈은 무엇입니까? 그것을 이루려면 '언제까지 얼마'가 필요합니까?

모르는 일은 하지 않는다

목표를 정하고 나면 그것을 실현하기 위한 방법을 강구합니다. 그중 한 가지가 투자입니다. 투자에서 가장 중요한 마음가짐은 자신이 이해할 수 없는 상품은 납득이 될 때까지 손대지 않는 것입니다. 굳이 조바심을 내면서까지 잘 알지 못하는 상품에 투자를 할 필요는 없습니다.

투자 사기 피해가 연일 끊이지 않는 것은 '잘은 모르겠지만 왠지 돈벌이가 될 것 같다, 다들 하고 있으니 나도 해 본다.' 등의 투자의 내용도 확인하지 않고 '반드시 돈을 벌 수 있다, 지금밖에 투자할 수 없다.' 같은 말을 곧이곧대로 받아들이는 사람들이 있기 때문입니다. 잘 모르는 것은 가까이 하지 않는다, 라는 투자 기준이 확립돼 있으면 말려들 일도 없습니다.

'투자의 평론가'로부터 탈피를

반면, 투자 세미나나 스터디에 참여해 열심히 공부하면서도 천년만년 투자를 시작하지 않는 분도 있습니다. 충분한 지식이 있음에도 불구하고 리스크를 무릅써야 한다는 것에 과도하게 공포를 느끼는 이른바 '투자 평론가'라 불리는 분들입니다.

투자는 실제로 해봐야만 알게 되는 것들이 있습니다. 투자 사기 피해를 당하지는 않을까 걱정이 되는 분은 우선 소액으로 투자를 시작해보세요. 펀드처럼 1만 원부터 투자를 시작할 수 있는 상품도 있습니다.

미심쩍은 돈벌이의 유혹을 거절하는 결단력도 중요하지만 투자의 첫걸음을 내딛는 용기도 장래를 위해서는 꼭 필요합니다.

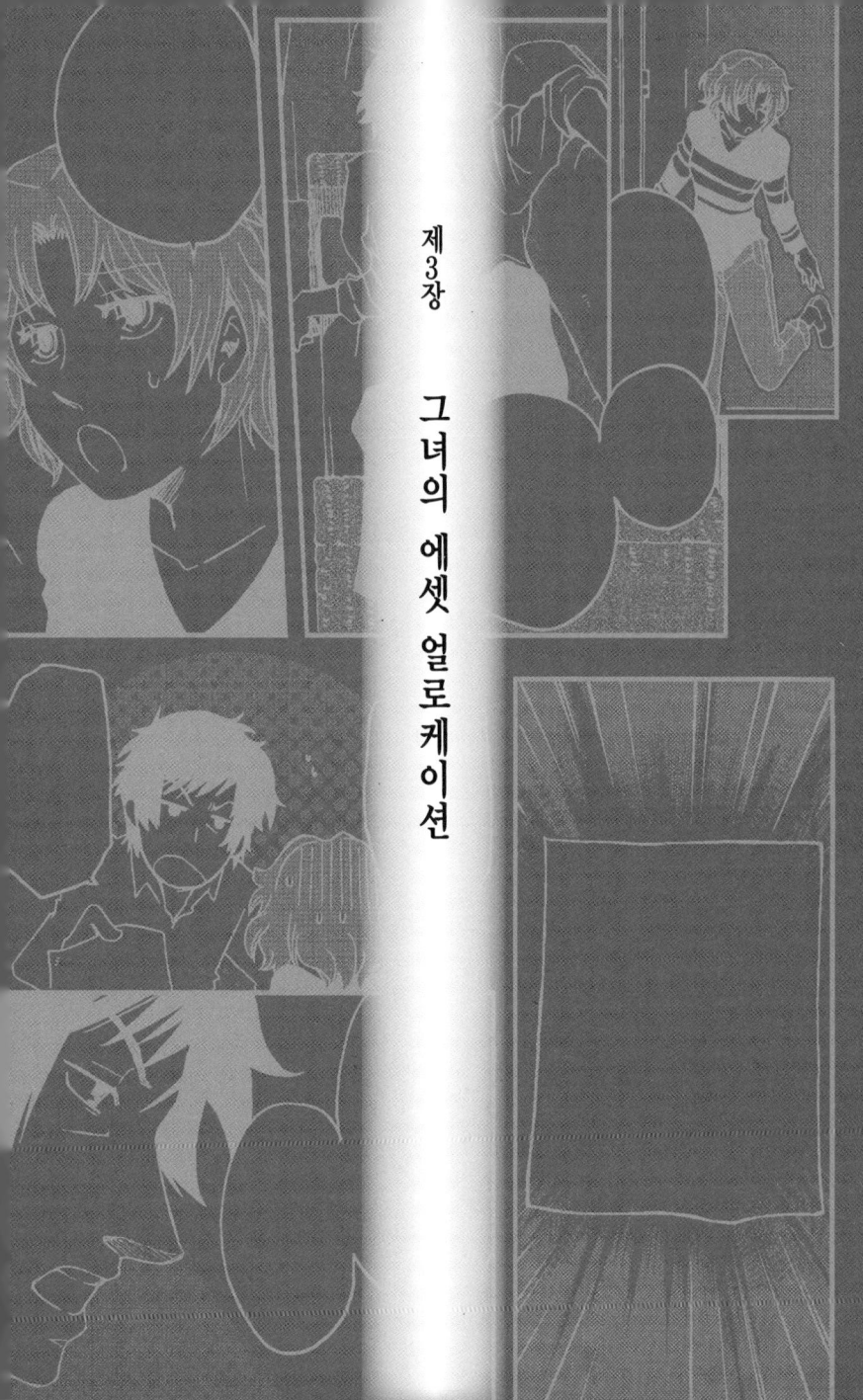

제3장 그녀의 에셋 얼로케이션

내 꿈이거든…, 가족을 갖는 게.

그걸 도와주시겠대.

무슨 뜻이고 자시고, 액면 그대로야.

난 장래에 돈을 많이 모아서 고아원을 운영하고 싶어.

그건… 프러포즈 아닌가?

그렇지~?! 그 방면으로 젬병인 너도 그렇게 해석되지?

내 말에 신경 꺼.

나라면… 그런 애들의 심정을 이해해줄 수 있을 테니까.

내 자산운용의 요점 중 첫째,
'수익보다 리스크를 생각하라.'
리스크?
그래. 개인투자자가 실패하는 패턴 중 하나가 리스크를 감안하지 않고 눈앞에 떨어지는 수익…
즉 이익만 추구하는 자산운용을 하기 때문이야.
아하.

그렇지!
즉, 만약의 사태에 대비하는 방어벽인 셈이야.
굉장하다~! 머리가 좋으시군요!
존경!
일단은… 이걸로 먹고 사는 몸이니까.
하지만 이건 기본적인 회피 방법 중 하나에 불과해. 자산운용은 훨씬 심오하지.
그런데… 왠지 재미있네요.
에셋 얼로케이션이라.
그런 발상, 전혀 안 해봤는데!

수익보다 리스크를 생각하라

투자를 시작할 때 수익(얼마나 벌 것인가)을 생각하는 사람은 있어도 리스크(얼마나 위험한가)를 생각하는 사람은 거의 없습니다. 하지만 사실은 수익보다 리스크를 고려하는 것이 더 중요합니다. 우선적으로 알아 두어야 할 것은 높은 수익을 원한다면 리스크도 그만큼 커진다는 것. 즉, 리스크와 수익의 기본 관계는 '하이 리스크 하이 리턴, 로우 리스크 로우 리턴' 이란 것입니다.

투자설에 잘 속아 넘어가는 사람은 '1년 내로 확실하게 2배', '최소 10%의 수익 보장' 과 같은 리스크 없이 높은 수익이 실현된다고 주장하는 상품에 투자하곤 합니다. 안타깝게도 세상에는 그런 상품이 존재하지 않습니다. 애당초 그런 짭짤한 건수가 있다면 일부러 당신에게 찾아오겠습니까? '금융의 세계에서 위험부담 없이 고수익을 얻을 기회는 존재하지 않는다.' 라고 가슴에 새겨두세요.

에셋 얼로케이션(자산배분)이 가장 중요하다

투자 결과를 결정하는 요인에는 종목 선택(어떤 종목을 살 것인가), 투자 타이밍(언제 살 것인가), 에셋 얼로케이션(자산을 어떻게 배분할 것인가) 의 세 가지가 있습니다. 이 중에서 투자 성과에 대한 영향이 가장 큰 것은 사실 에셋 얼로케이션입니다. 미국의 조사에 따르면 수익률을 결정짓는 요인 중 에셋 얼로케이션의 차이가 약 80%를 차지한다는 결과가 나왔습니다. 따라서 우선은 이 에셋 얼로케이션을 확실하게 결정하는 일이 투자를 성공으로 이끄는 열쇠라고 하겠습니다.

투자는 장기적으로 한다

에셋 얼로케이션에 의한 투자는 그 성과가 나오기까지 시간이 걸립니다. 단기 매매로 이익을 노리는 하이 리스크 하이 리턴 방법이 아니라 느긋하게 자산이 불어나기를 기다리는 10년 단위의 투자 방법이기 때문입니다. 장기 목표를 확실하게 세운 사람에게 적합한 방법이라고 볼 수 있습니다.

외환 투자는 하는 것이 리스크가 아니라, 안 하는 것이 리스크이다

외환 투자는 환율 리스크가 있으나 에셋 얼로케이션의 관점에서 본다면 자산의 일부를 외환으로 바꿔두는 것이 오히려 장래의 원화 약세 리스크에 대한 보험이 됩니다. 외환 투자는 흔히들 리스크가 강조되는데 앞서 말한 이유로 '외환 투자는 하는 것이 리스크가 아니라 안 하는 것이 리스크'라고도 볼 수 있습니다.

외환 투자의 대표적 상품인 외환 MMF(머니마켓펀드)는 비록 환율 변동에 따라 원화로 환산한 금액에 큰 변화가 생기는 리스크는 있지만 신용도 높은 공사채 등의 단기금융 상품에 한정해서 분산 투자가 이루어지는 외국 국적의 펀드입니다. 미국의 달러, 유로, 호주 달러 등의 통화에 투자할 수 있습니다.

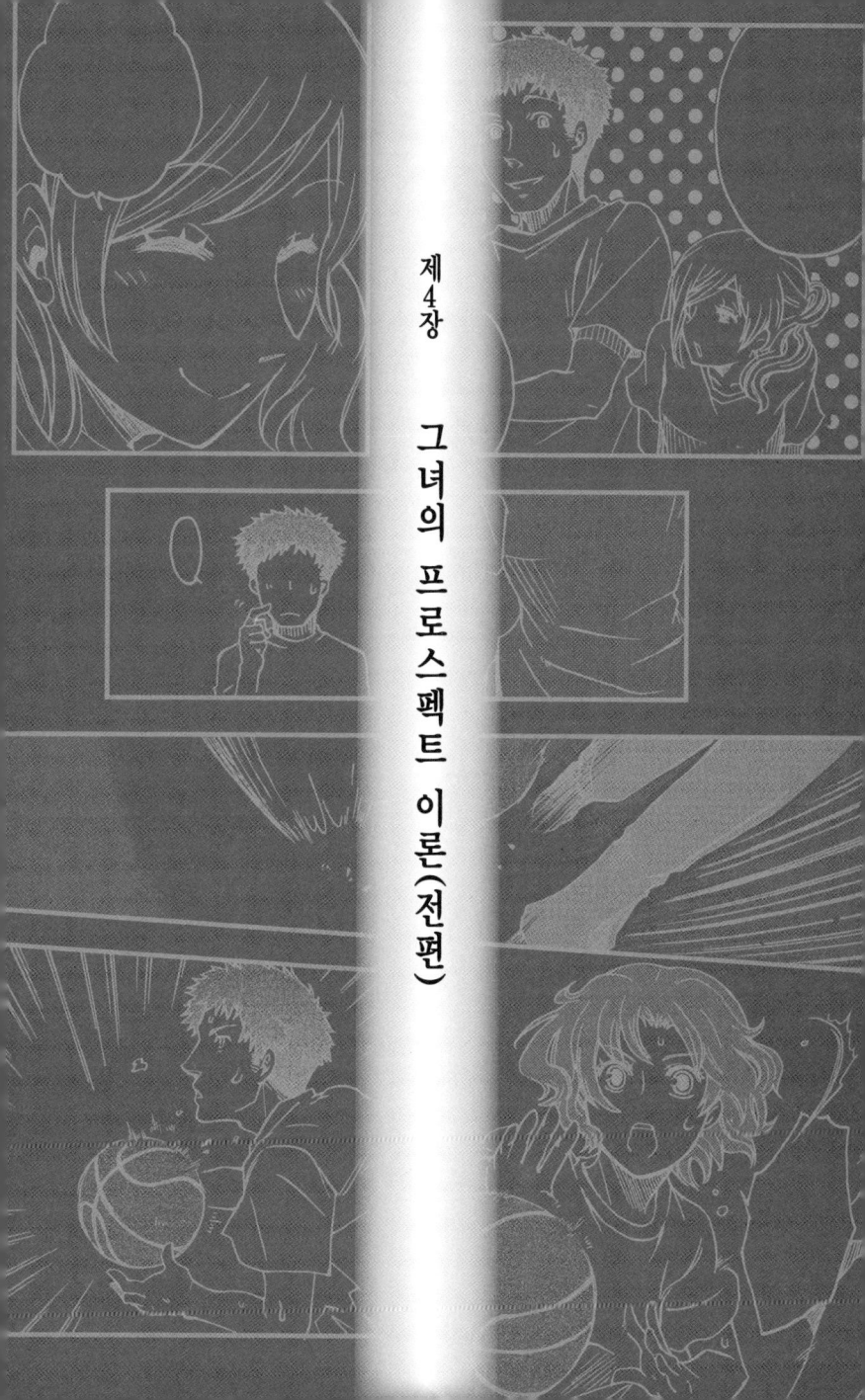
제4장 그녀의 프로스펙트 이론(전편)

요즘 빨리 오네?

오늘 온 길로 오면 5분 단축♪

에헤헤♪ 또 지름길을 발견했지롱.

걸으면 절약도 되고 다이어트도 되고 일석만마지!

돌로 말을 때려서 뭐 하려고…? 일석이조야, 이조.

이게 뭐야?

그 선생님 책도 냈어?!

이것 말고도 3권이나 더 있어.

어디서 기어 들어온 거예요?
사람을 바퀴벌레처럼 표현하지 마!
그래.
하지만 굳이 안 들어와도 돼.
사실은 들어오길 바라면서.
방금 뭐라고 했냐?
선생님. 오늘 강의가 있었던가요?
아뇨~.
그러고 보니 세탁기에 빨래가 방치돼 있더라. 꺼내서 말리지 않으면 쭈글쭈글해져.
냉큼
잠깐! 설마 건드린 건 아니겠죠?!
빨끈
내 속옷.
합법이야 합법.
얼렁뚱땅 넘어 가지 마세요.
나 참.
사이가 좋은 건지 나쁜 건지 원…. 그치?
….

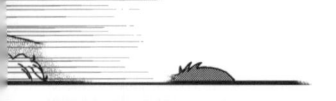

거기 앉아 있는 자네라면 어느 쪽을 택하겠나?

B… 1만 엔을 받을 수 있지만 15%의 확률로 0엔이 된다.

A… 8천 엔을 확실하게 받을 수 있다.

A요.

그럼 계속해서 한 문제 더.

C… 내일 반드시 나한테 8천 엔을 지불한다.
D… 내일 나에게 1만 엔을 지불해야 하지만 15%의 확률로 0엔이 된다.

D.

고마워.

그럼 이 친구와 의견이 같은 사람 손 들어봐.

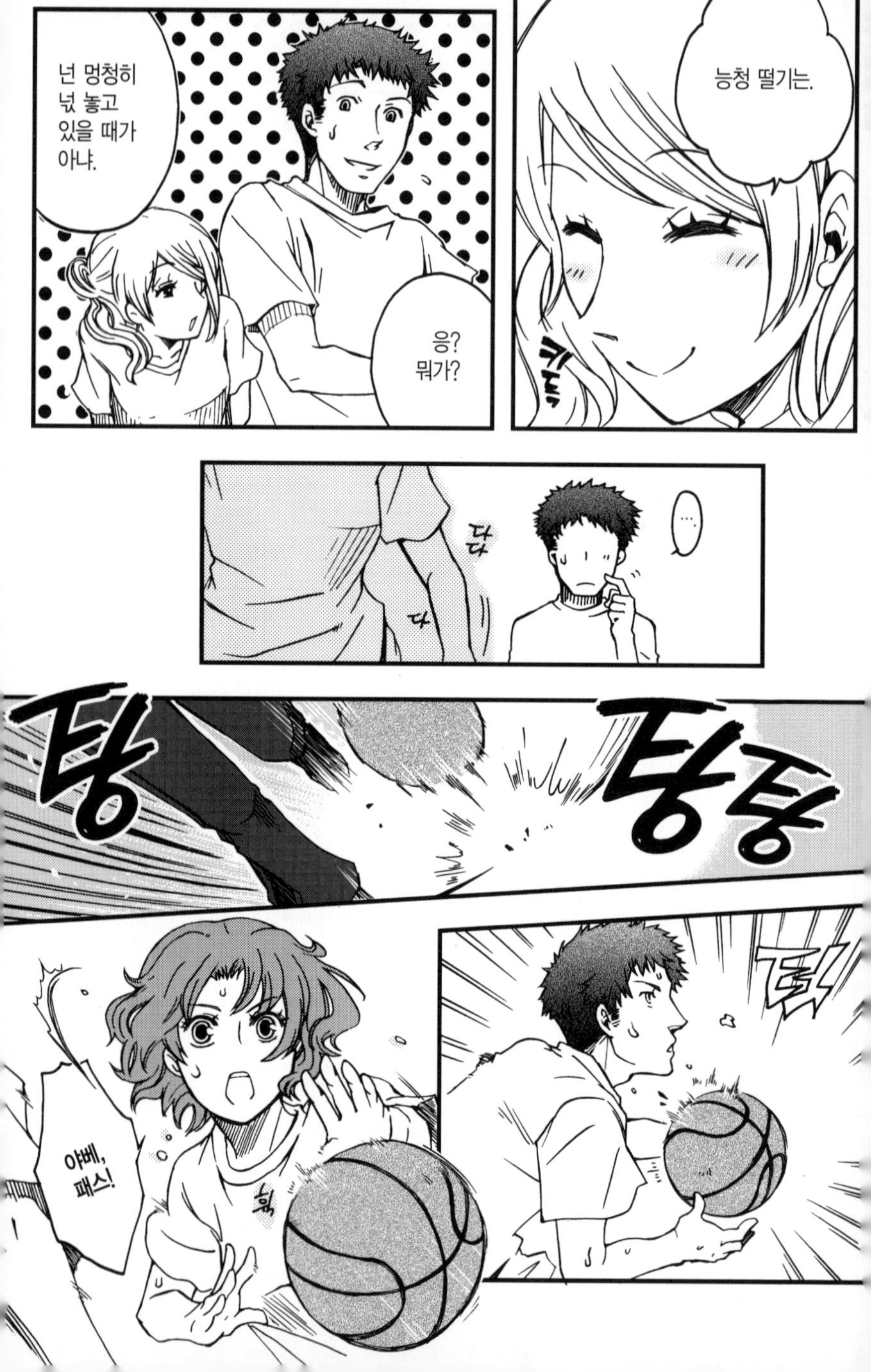
넌 멍청히 넋 놓고 있을 때가 아냐.
응? 뭐가?
능청 떨기는.
키득
다다
다
…
탕
탕탕
턱!
아베, 패스!
휙

아…. 지금 가.

….

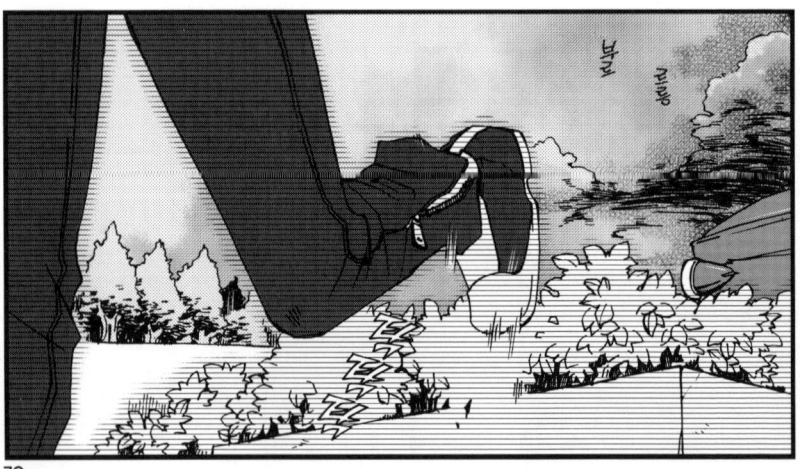

달러 평균법 : 정액으로 적립하면 구입 비용을 낮출 수 있다

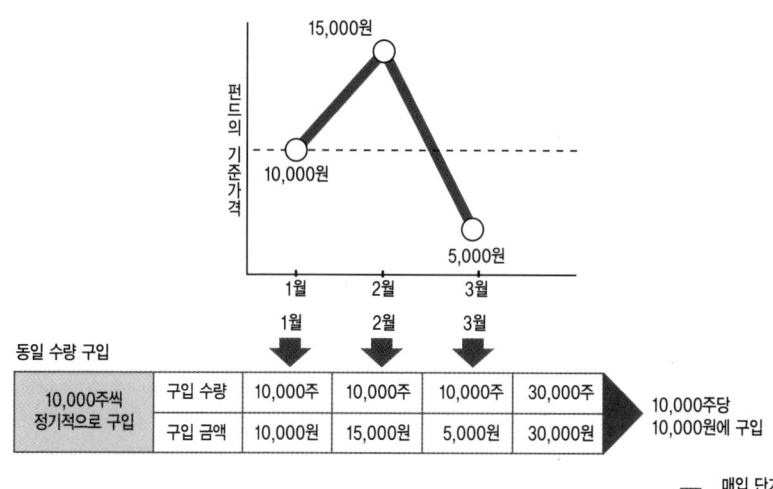

달러 평균법이란 투자자의 정기적인 수입 가운데 일정 금액을 장기투자하는 방법 중 하나로, 주식 매입시기를 분산시켜 일시적 대규모 매입의 피해와 위험을 방지하는 투자 방법입니다. 주가 예측을 일절 하지 않고 정해진 계획에 따라 기계적으로 구입함으로써 평균 구입 단가를 낮추는 것입니다. 대표적인 금융상품으로 적립식 주식형 펀드가 있습니다. 달러 평균법을 이용하면 투자 타이밍을 분산시켜 리스크를 분산시킬 수 있습니다. 주식을 사는 금액이 항상 일정하기 때문에 가격이 높아지면 구입 수량이 적어지고 가격이 떨어지면 구입 수량이 자동적으로 늘어나게 됩니다. 그 결과, 고가에 매입하는 주식의 비중이 줄어들어 1주당 취득원가가 내려가게 됩니다.

달러 평균법에는 또 하나의 이점이 더 있습니다. 그것은 정신적인 측면의 효과입니다. 투자를 지속하는 것은 의외로 힘듭니다. 투자를 하는 일 자체를 잊어버리거나 돈이 필요해져서 써버리거나 귀찮아지거나 등, 지속할 수 없는 경우가 매우 많기 때문입니다. 적립을 하게 되면 매월 정해진 금액이 자동으로 투자됩니다. 본인이 의식하지 않더라도 투자를 계속할 수 있는 것입니다.

투자 타이밍을 고려하지 않는 이유

상품은 저렴할 때에 대량으로 사서 비싸졌을 때 팔면 큰 수익을 얻을 수 있습니다. 하지만 실제 '언제 살 것인가'만 생각하다가 결국 고가에 덥석 사버려 투자에 실패하는 사람이 많습니다. 투자 타이밍을 맞추기란 여간 어려운 일이 아닙니다. 그럴 바에는 아예 타이밍 맞추기를 그만두고 달러 평균법으로 계속 구입하는 편이 합리적입니다. 상투를 잡는 리스크를 피할 수 있고 착실하게 자산을 증식시킬 수 있는 가능성이 높아지기 때문입니다(*옮긴이 – 상투를 잡다: 종목의 가격이 올라가다 꺾어지는 고점에 매수를 해서 손해를 보는 것을 뜻합니다).

달러 평균법이란 가장 헐값에 사려고 하다가 고가에 사버리는, 그런 실패를 막아주는 견실한 투자법입니다.

그래,
사랑해.
와아
슛!
막았습니다!
앗싸!
얘,
사치….
선생님,
혹시
애인 없니?
없을걸?
왜?
아니,
그냥….
그렇지
달려-!
사치,
너라면 어느 쪽을
선택할래?
뭘?
달려 달려-

A… 개인적으로 85% 괜찮다고 여기는 상대로부터 고백 받는다.

B… 100% 괜찮다고 여기는 상대에게 고백한다.

단, 15%의 확률로 애인이 있을지도 모른다.

그게 뭐였더라…?

여름방학 전에 카미시바 선생님 강의에서 배운 거.

감정적인 판단은 합리적이지 못 하다

어느 쪽을 선택할 것인가?

질문 1	질문 2
A. 반드시 800만 원을 받을 수 있다 B. 1000만 원을 받을 수 있지만, 15%의 확률로 0원	C. 반드시 800만 원을 지불한다 D. 1000만 원을 지불해야 하지만, 15%의 확률로 0원

감정적인 투자를 했을 때, 예상했던 수익과 연결되기 힘든 이유는 행동 심리학의 덫에 빠져 있기 때문입니다. 정도의 차이는 있지만 인간은 감정적인 동물입니다. 하지만 감정에 지배당하는 전형적인 투자 행동 패턴을 이해하고 그 대책을 강구하면 투자의 수익 향상을 기대할 수 있습니다. 투자와 관련된 행동 심리학 중에서 가장 유명한 것이 프로스펙트 이론입니다. 이것은 2002년에 노벨 경제학상을 수상한 경제학자 대니얼 카너먼의 연구에서 나온 것입니다.

프로스펙트 이론이란?

제4장에도 나온 프로스펙트 이론이란 투자가가 이익을 얻고 있는 상태에서는 이익을 확정 지으려는 행동을 취하고, 손실이 발생한 상태에서는 손실을 확정 짓지 않으려는 행동을 취하는 행동 패턴을 보이는 경향을 가리키는 것입니다.

위에 나온 선택지를 보면, 가령 A와 B 중에선 A를, C와 D 중에선 D를 선택하는 경향이 있는데, 기대치로 계산해보면 합리적인 선택은 B와 C라는 사실을 알 수 있습니다. 이익을 얻을 수 있을 때는 이익을 확정 짓고 손실이 났을 때는 확정 짓기를 원치 않는 감정이 이와 같은 결과를 낳는 것입니다.

감정적인 거래를 하게 되면 차익 실현이 빨라지고 손절이 늦어지는 프로스펙트 이론과 같은 투자 패턴에 빠져서 그 결과, 이익은 적어지고 손실이 커지는 것입니다.

밸런스 펀드

밸런스 펀드란 한 개의 펀드에 주식이나 채권 등 여러 종류의 자산이 조합되어 있는 펀드, 프랑스 레스토랑으로 비유한다면 단품 요리가 아니라 조합이 정해진 '코스 요리' 같은 존재입니다. 장기 분산 투자를 시작하고 싶지만 스스로 자산 배분을 짜기가 힘든, 앞으로 투자를 시작하길 원하는 분들께 최적의 상품입니다.

밸런스 펀드라면 1만 원 속에 다양한 자산 종류가 들어 있기 때문에 소액 적립으로 투자를 시작할 수 있습니다. 또한 투자를 계속하다 보면 정기적으로 자산을 검토해야 하는데 이것도 밸런스 펀드라면 펀드 내에서 자동적으로 시행해줍니다. 즉 펀드를 보유하고 있는 것만으로 자산을 유지·관리할 수 있는, 번거롭지 않은 편리한 상품인 것입니다.

투자를 막 시작해서 운용 금액이 그리 크지 않다면 우선은 밸런스 펀드를 이용해 투자해보는 것이 좋습니다.

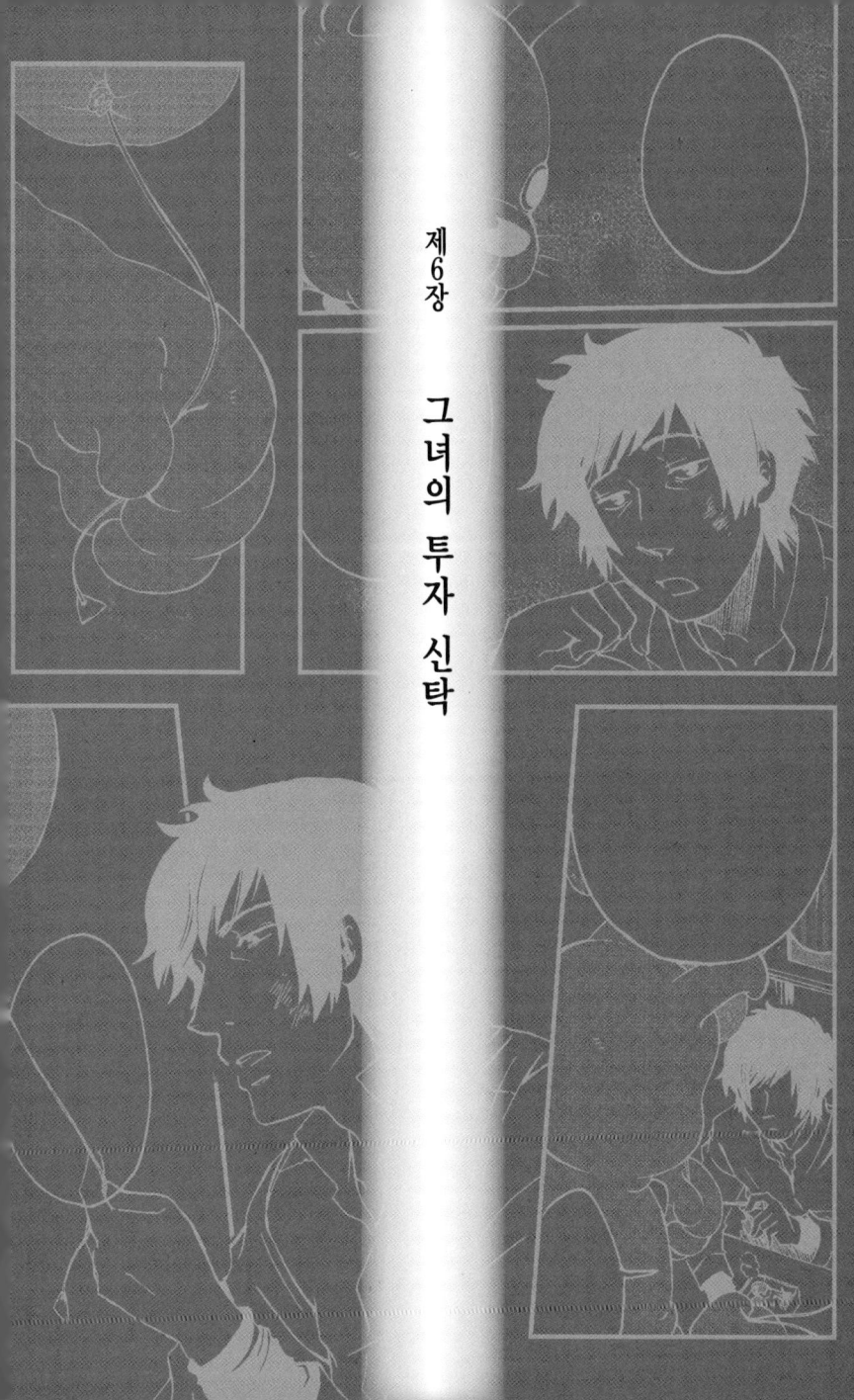

제6장 그녀의 투자 신탁

첫째는 수익 불안감 등의 이유 때문에 펀드에 매력이 사라졌을 때.

둘째는 자산 배분을 비교해 판단했을 때.

셋째는 릴레이 투자, 즉 다른 펀드로 갈아탈 때 등을 들 수 있지.

감사합니다.

두근

여긴 관두자. 많이 붐비잖아.

왜? 그럼 좀 어때서?

아, 미안. 원래 이쪽이 선약이라서. 곧 끝날 거야.

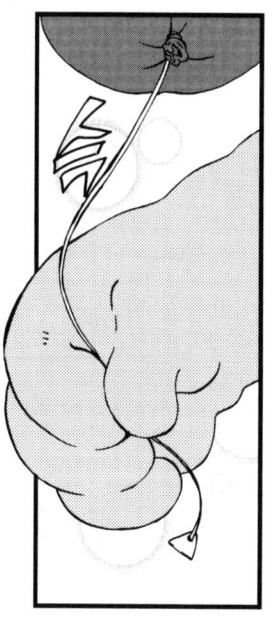

초보자에게 적절한 펀드 투자

펀드 상품은 펀드 가입자들로부터 자금을 모아서 투자를 하는 '공동구매' 같은 상품으로 앞으로 투자를 시작할 사람에게 딱 맞는 상품입니다. 모인 자금을 펀드 매니저가 분산시켜 투자를 하기 때문에 주식에 비해 리스크가 적은 상품이기 때문입니다. 운용 성과에 따라서 펀드 가입자는 분배금을 수령하거나 주식처럼 가격 상승에 따라 이익을 볼 수 있습니다. 또한 1만 원부터 투자할 수 있다는 점, 국내외 주식과 채권 등 다양한 투자대상에 투자할 수 있다는 점, 원칙적으로 언제든지 환매할 수 있다는 점 등도 초보자에게 적절합니다.

펀드 투자에 드는 두 가지 비용

펀드에는 주로 두 가지 수수료가 들어갑니다. 선취수수료는 구입 당시에 드는 비용이고, 환매수수료는 환매할 때 떼는 수수료입니다. 두 가지 수수료 중에 한 가지만 부과되는 펀드도 있습니다. 수수료가 들지 않는 투자신탁은 '노로드 펀드'라 불리며 최근 증가 추세에 있습니다. 수수료가 들지 않기 때문에 그만큼 비용을 낮출 수 있습니다.

다른 한 가지인 신탁보수는 펀드 운용에 필요한 비용으로 보유기간과 잔고에 따라 일정 금액이 매일 부과됩니다. 이것은 펀드 잔고에서 자동으로 공제됩니다. 신탁보수는 노로드 펀드에도 부과됩니다.

처음에는 인덱스 펀드부터

펀드 투자 상품은 크게 인덱스 펀드와 액티브 펀드 두 종류로 나눌 수 있습니다.

인덱스 펀드란 KOSPI200이나 KOSDAQ 등의 주가지수와 연동하는 운용 성과를 지향하는 펀드이고, 액티브 펀드는 그 이상의 수익을 노리는 직접 투자 펀드입니다. 투자 초보자는 인덱스 펀드부터 시작하는 것이 좋습니다. 왜냐하면 펀드를 고르는 것이 비교적 간단하고 노로드에 신탁보수가 적은 펀드가 많기 때문입니다. 인덱스 운용과 액티브 운용에 대해서는 제8장에서 자세히 설명하겠습니다.

지속적인 투자의 중요성

장기로 투자를 계속하려면 부담을 크게 지지 않는 것이 중요합니다. 가령, 한 가지 주식에 전 자산을 쏟아부었다면 최악의 경우 전 자산을 잃을 수도 있습니다. 그 정도로 큰 손해까지는 입지 않더라도 1년 사이에 자산이 반토막이 나 운용을 중단해 버리는 경우가 많습니다. 중간에 운용을 그만두는 사람들은 대부분 특정 투자대상에 리스크를 집중시켜 큰 손실을 본 시점에 시장에서 철수하는 케이스입니다.

물론 리스크를 무릅쓰지 않으면 수익도 없지만 그때는 '최악의 경우 어떻게 될 것인가' 란 시나리오를 짜 두는 것이 중요합니다. 최악의 경우라도 리스크를 잘 관리하여 운용을 중단하지 않을 수 있다면 투자를 장기간 계속하여 성과로 연결될 수 있기 때문입니다.

제7장 그녀와 그의 패러다임

모니터링은 분기별로 구성 비율을 검토해서 자산운용이 원활하게 돌아가고 있는지 아닌지 체크하는 것이고,

리밸런스는 1년에 한 번, 현재의 자산배분의 비율을 목표 비율과 맞추기 위해 일부 자산을 매각하거나 다른 자산을 구입하는 것을 말한다.

그 여자가 널 골탕 먹인 거야.

못 믿어요!

애당초 날 골탕 먹일 이유가 없잖아요!

방금 그 전화는 미국 지점을 맡고 있는 내 시니어 파트너라고.

날 좋아하나 봐. 샘이 많거든.

어떻게 그런 소릴 자기 입으로 할 수 있담?

당분간 해외에 나가게 됐어.

두 달은 못 돌아올 거야. 여름방학은 통째로 그쪽에 있게 될 것 같아.

집 좀 잘 지켜다오.

자산운용은 어떻게 하고요?

매달 정해진 자산금액 내에서 에셋 얼로케이션을 하면 돼.
그렇게 버림받은 강아지 같은 표정 짓지 마. 돌아온다니까.
정말요?
그래. 두 달은 눈 깜짝할 사이에….
정말로 돌아오시는 거예요?
그때 처럼…
사라져서… 영영 안 돌아오는 거 아녜요?

아버진 약삭빠르지 못한 사람이라 부탁받으면 뭐든지 넙죽 받아들여서 타인을 위해 잠잘 시간도 아껴가며…

그렇게 무리한 게 화근이 되어 졸음운전을 하다가… 정말 허망하게 가셨지.

좌우간 난 아버지랑 같이 자본 기억이 없어.

많은 클라이언트들이 질책을 했어.

그들에게 어머닌 그저 사과하는 일밖에 할 수 없었는데 어느 날 이렇게 탄식을 하시는 거야.

그만… 죽어버리고 싶다고.

그건….

모니터링과 리밸런스

자산운용을 계속하기 위해 중요한 것은 쭉 계속하더라도 가급적 애먹지 않을 방법을 선택하는 것입니다. 투자를 시작하면 정기적으로 모니터링과 리밸런스를 하게 되는데, 가능한 둘 다 수고와 시간이 들지 않는 짜임새가 되도록 연구하는 것이 중요합니다. 시간을 잡아먹지 않는 짜임새를 갖추게 되면 부담이 적어져 착실하게 장기적으로 투자를 계속할 수 있기 때문입니다.

차로 따지면 모니터링은 서비스 점검, 리밸런스는 차량 검사

모니터링이란 석 달에 한 번 자산을 검토하는 일입니다. 정기적으로 자신의 자산이 어떤 상태에 놓여 있는지 확인함으로써 현상 파악을 합니다. 투자한 주식이나 펀드는 날마다 가격이 변동됩니다. 구입 당시의 가격이 아니라 현재의 가격(시가)으로 평가하는 것이 중요합니다. 매일 자산을 세세하게 체크할 필요는 없습니다. 자산의 종류별로 자신의 자산 전체에서 점유하는 비율을 계산함으로써 자신의 자산이 어떤 리스크에 노출되어 있는지를 파악하는 것입니다. 증권회사에서 거래 잔고 보고서라는 서류가 날아오는 것은 일 년에 네 번이니 자동차 정기 점검을 하듯이 체크하세요.

리밸런스란 자산배분 비율을 조정하는 일입니다. 일 년에 한 번 정도 하는 것이 좋습니다. 투자 시간이 경과함에 따라 자산배분 비율은 서서히 왜곡되기 시작합니다. 가격이 올라간 것은 비율이 높아지고, 반대로 가격이 떨어진 것은 비율이 낮아지기 때문입니다. 그 비율을 원상태로 돌려놓는 조정이 바로 '리밸런스'입니다.

리밸런스를 하게 되면, 최초의 자산배분 비율과 비교해 가격이 올라간 것은 상대적으로 비율이 높아져 있으므로 매각, 가격이 떨어진 것은 상대적으로 낮아져 있으므로 구입하게 됩니다. 즉, 비교적 저렴한 것을 사고 비교적 비싼 것을 파는 것입니다. 과거 데이터를 이용해 분석한 결과를 보면 일 년에 한 번 리밸런스를 했을 때 아무것도 안 하는 것에 비해 수익에 플러스 영향을 주는 것을 알 수 있습니다. 모니터링이 차량의 정기 점검이라면 리밸런스는 일 년에 한 번 하는 차량 검사와 같은 것으로 둘 다 '돈의 안전운전'을 위해 중요한 것입니다.

너무 세밀하게 하지 말라

모니터링이나 리밸런스에서 주의할 점은 너무 세밀하게 하지 않는 것입니다. 자산배분 비율이란 것은 자신의 이상과 얼추 가까우면 아무 문제가 없습니다. 굳이 1원 단위까지 맞출 필요는 없는 것입니다.

중요한 것은 꼼꼼하게 하는 것보다 꾸준하게 하는 것입니다. 10년, 20년 장기 투자를 하는 동안 정기적인 체크를 계속함으로써 투자의 성공 가능성을 높일 수 있기 때문입니다.

제8장

그녀의 액티브 운용

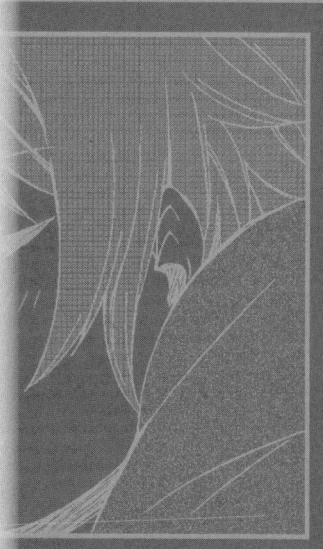

매일 와. 지난 한 달 동안 거르지 않고.
사랑받고 있군♪
역시 인기 짱이구나.
당연하지. 1년 만에 부활한 건데!
그런데 선생님한테서 메일은?
딸그락
뭐 어때! 걱정해준다는 증거인데.
딸그락
아아~. 내가 전혀 미덥지 않은가봐.
주로 자기 자랑이고.
글쎄, 과연 그런 걸까…? 20%가 근황이고 80%가 자산 얘기야.
선생님답다.
후후
덜컹
그건 그런데…
왠지 전혀 성장하지 않은 것 같아서.

괜찮아. 어마어마한 수익으로 돌아올 테니까.

야, 그거 선생님도 알고 계셔?

모르지. 비밀이니까.

선생님 돌아오셨을 때 깜짝 놀라게 해줄 거야.

선생님의 룰에서 벗어난 거니까.

관두는 게 좋지 않을까?

왜?

선생님도 분명히 투자하실걸? 미스프레가 휴업할 때 서둘러 매각하라고 권했거든.

그 말인즉슨 부활하면 그 반대! 즉, 사들이란 뜻이잖아?

마라톤은 최후에만 이기면 돼. 그러니 중반까진 뒤처져도 된다고.

자산의 장기적 운용이란 그런 뜻이야.

아직 그런 것도 모르고, 1년 동안 선생님한테서 뭘 배운 거야?

그래도 이겼어.

50만이나 벌었다고. 불과 2주일 만에.

미스피레 부활 후 설마 했던 비극-

주주총회에서 대 파란?!

설마
한 달도
못 되어

게임오버를
하게
될 줄은.

펀드 투자의 두 가지 운용 방법

제6장에서도 잠시 언급했지만 펀드 투자 방법은 크게 인덱스 운용과 액티브 운용 두 가지로 나닙니다. 인덱스 운용이란 지수(시장의 평균)에 연동하도록 운용하는 방법입니다. 가령, 우리나라의 주식시장이라면 KOSPI200 지수에 따라 연동하는 펀드가 그 전형입니다. 지수란 시장 전체의 방향성을 알기 위해 만들어진 지표입니다. 하나하나의 주식은 따로따로 움직이지만 일본의 닛케이 평균 지수가 8천 포인트에서 1만 포인트가 되면 '일본 주식은 전체적으로 가격이 25% 상승했다' 라는 것을 알 수 있습니다. 인덱스 펀드에 투자하면 그런 시장 전체의 움직임과 동일한 투자 성과를 얻을 수 있습니다.

반면 액티브 운용이란 적극적으로 종목을 선택해서 시장 평균보다 높은 수익을 목표로 하는 운용 방법입니다. 액티브 운용은 인덱스 운용에 비해 비용이 더 듭니다. 종목 등을 조사해야 할 필요가 있기 때문입니다. 하지만 비용을 지불하고 액티브 운용을 실천한다 해서 꼭 인덱스를 상회하는 투자 성과를 얻을 수 있다고는 장담할 수 없습니다.

이러한 액티브 운용에는 본인이 직접 종목을 선택하는 직접 투자, 그리고 펀드 매니저에게 운용을 맡기는 간접 투자의 두 가지 방법이 있습니다. 둘 다 시장 평균을 상회하는 운용 성과를 지향하는 운용 방법이지만 의사결정을 본인이 하느냐, 아니면 프로에게 맡기느냐란 차이가 있습니다.

액티브 운용은 어렵다

초보 투자자가 직접 종목을 골라 액티브 운용을 하는 경우에는 좋은 성과로 연결되지 않을 때가 많습니다. 가령, 초보 투자자가 직접 종목을 선택할 경우 판단의 기준이 '경영자가 뛰어나서, 상품이 좋아서, 유명한 회사니까, 주식평론가가 권유해서'와 같은 감정적인 것들로 쏠리는 경향이 있기 때문입니다. 이처럼 안이하게 종목을 선택할 경우, 평균 이상의 성과는 기대할 수 없습니다. 초보자가 직접 종목을 선택해서 투자하는 일은 갓 면허를 딴 운전자가 다짜고짜 F1 레이스에 참가하는 것과 마찬가지이기 때문입니다. 펀드매니저라 해도 성과를 내기 어려운 것이 바로 이 액티브 운용입니다. 펀드의 운용 실적을 보면 프로라도 절반 이상이 인덱스를 밑도는 운용 성적을 거두는 가혹한 현실이 존재합니다.

처음에는 인덱스 운용부터

이렇게 본다면 초보자가 우선으로 해야 할 일은 시장의 평균치를 확실하게 노리는 인덱스 운용이란 사실을 알 수 있습니다. 액티브 운용은 운용 능력에 자신감이 붙고 난 다음에 시작하는 것이 좋습니다. 주식투자보다 우선은 펀드를 이용한 인덱스 운용을 권하는 이유가 바로 여기에 있습니다.

제9장 게임오버된 그녀

저희도
카네코 사치에 씨의
손해를
경감시키려고
노력했습니다.

하지만
….

이제 됐어요!
전부
팔아버리세요!

잠깐만요!
일이
왜 이렇게
돼버린 거죠?!

어떡해….

어떡해,
어떡해요,
선생님.

왜…

목표 1천만 엔! 꿈은 고아원 설립!

벌써 사흘이나 지났는데 왜 메일 안 보내요?!

선생님….

왜…

선생님, 도와주세요! 선생님, 도와주세요! 나 어떡하면 좋아요?!

신규 메시지가 없습니다.

선생님…!

큭

어떻게든 만회해야 해!

그리고…

새해가 밝았지만 선생님은 돌아오지 않았고, 곧 우리의 졸업식이 되었다.

제 9회 졸업식

왠지 2년이 눈 깜짝할 새에 지나간 것 같아…

사치, 취직은 어떻게 할 거야? 괜찮다면 우리 아버지 회사라도…

응.

고마워…. 하지만 알바를 계속하고 고민하면서 선생님을 기다려볼래.

개인이 우위인 종목 선택

 원래 투자란 생각대로 잘 되지 않는 법입니다. 특히 주식의 개별 종목에 관해선 그 기업의 독자적인 요인 때문에 주가가 큰 폭으로 변동되기도 합니다. 그렇다고 호재가 있다고 해서 반드시 주가가 상승한다고는 볼 수 없습니다. 오히려 '정보유출'이라고 판단되어 주가가 떨어지는 일도 심심치 않게 일어납니다. 주가는 시장의 기대와 현실의 차이에 따라 변동합니다. 시장에 과도한 기대가 쏠려 있을 때는 설령 호재가 나오더라도 기대에 미치지 못하면 실망 매도로 이어질 수 있습니다.

 직접 주식 종목을 선택하는 일이 어렵다는 것은 제8장에서 설명했으나 그래도 주식투자를 하고 싶을 경우 투자 전문가에 비해 자신의 유리함이 어디에 있는지 생각해 볼 필요가 있습니다. 강점도 없이 같은 무대에서 경쟁해봤자 이길 수 없기 때문입니다.

 전문가에 비해 개인 투자자의 유리한 점은 투자기간을 스스로 결정할 수 있다는 점입니다. 투자 전문가인 펀드매니저의 경우, 통상 펀드 가입자들로부터 모인 자금을 추려 운용하게 됩니다. 가입자들이 투자 성과를 수시로 체크하기도 하고 가입자의 사정으로 도중에 해약되는 경우도 있습니다. 자금의 움직임을 스스로 컨트롤할 수 없기 때문에 갑작스러운 현금화에도 대응할 수 있도록 운용해야 합니다. 그런데 개인 투자자는 자기 자금의 운용이기 때문에 그런 불안감이 없습니다. 장기 투자를 하겠다면 10년 단위로 자금 운용을 고려할 수도 있습니다. 펀드매니저가 가입자의 사정 때문에 매각할 수밖에 없는 경우에도 개인은 투자를 계속할 수 있는 것입니다.

리스크 관리가 중요하다

주식투자로 실패하는 경우 중 많은 수가 손실을 그대로 방치해 손실액을 크게 키우는 케이스입니다. 개별 종목에 투자할 경우 각각의 종목별로 손절매가 중요합니다. 투자를 시작하기 전에 목표치를 정해 특히 손실이 일정 수준을 뛰어넘은 시점에 기계적으로 투자를 중지하고 철수하는 결단력이 중요합니다. 자신이 좋아하는 회사, 자신이 좋다고 여긴 회사의 주식을 매각하는 것에는 심리적인 저항이 생기겠지만 손실을 최소화하기 위한 룰을 철저히 지켜야 합니다.

또한, 신흥시장에 상장되어 있는 주식이나 거래총액이 적은 종목일 경우, 유동성 문제에도 주의해야 합니다. 거래가 활발하지 않은 종목은 자신이 매도하고 싶어도 살 사람이 마켓에 존재하지 않기 때문에 팔 타이밍을 마음대로 정할 수 없는 경우가 있습니다.

종목 선택의 원칙을 확립하자

종목 선택 수법에는 PER(주가수익비율)나 PBR(주가순자산비율) 같은 정량적 데이터를 이용한 펀더멘탈 분석과 차트를 활용한 테크니컬 분석 등이 있습니다. 일반적으로 알려진 수법을 곧이곧대로 받아들여 사용하지 말고 제 나름의 투자 분석법을 확립할 수 있다면 다른 투자가에 비해 우위에 설 수 있는 투자를 실현할 가능성이 높아집니다.

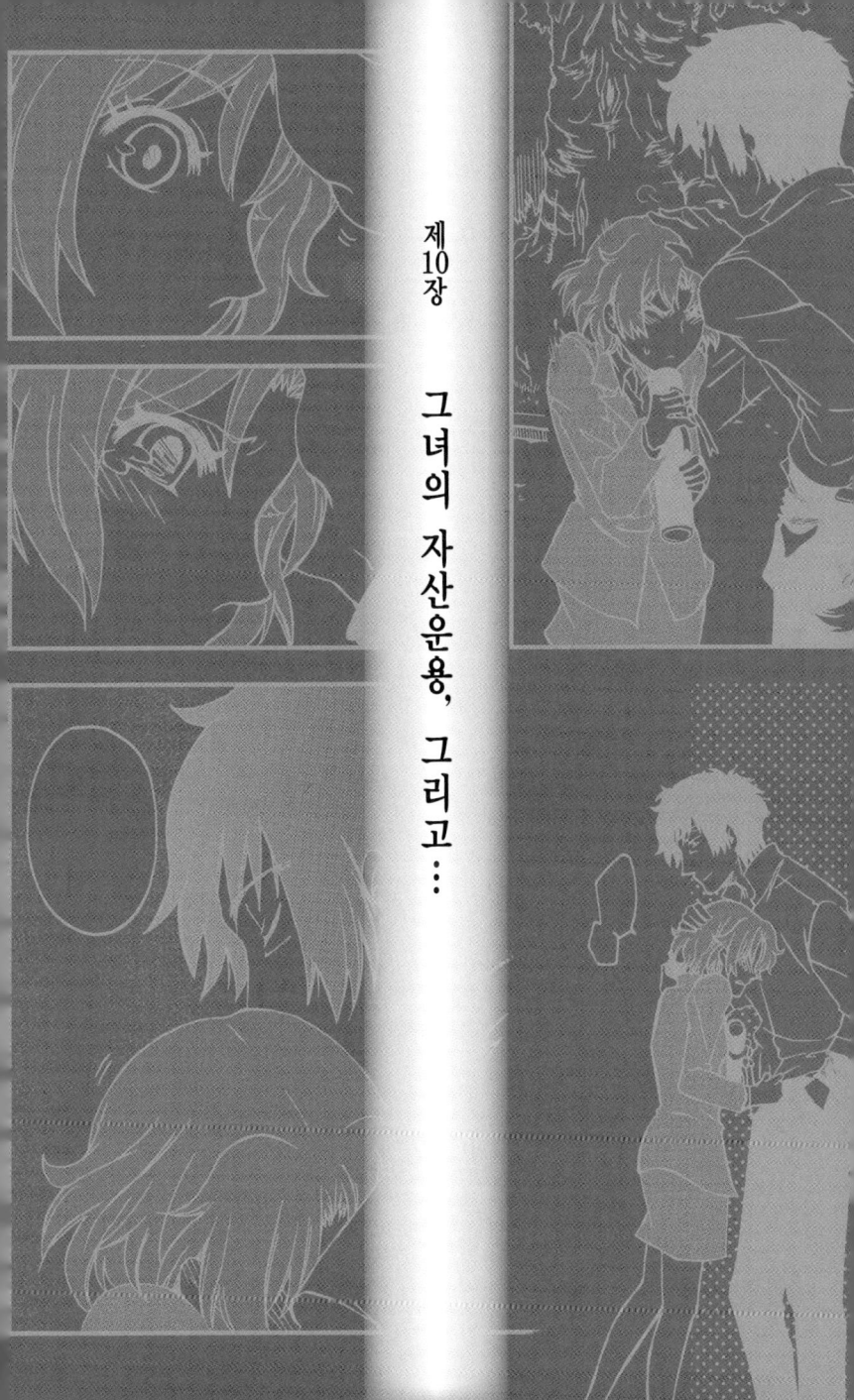

집에 가자, 사치.

사실은 또 바로 해외에 나가야 해서.

네…?

그거, 좀 더 뒤로 미룰 순 없을까요?

식은 그쪽에서 올려도 되고 여기로 돌아와서 올려도 돼.

선생님…

뒤로? 얼마나 뒤로?

10년 후… 라든가…

넌 나랑 결혼하기 싫은 거니?

하고 싶어서 그래요.

선생님의 꿈을 이루어 드리고 싶으니까….
그래서 전 좋은 여자가 되고 싶어요.
!
지금의 제가 선생님과 결혼하면 누가 봐도 자기 인생을 피해 도망친 여자잖아요?
그건 너무 꼴사나워요.
제대로 좋은 여자가 될 때까지 기다려주시면 안돼요?
다시 한 번… 꿈을 향해 달려볼 테니까.
….

10만 엔어치의 에셋 얼로케이션.

이걸 밑천 삼아 다시 한 번 시작해봐.

고맙습니다…

졸업 선물이야.

그건 제가 할 소리거든요?

자주자주 연락해.

꼭 기다리셔야 해요.

걱정 마.

그렇게 나와 선생님의 기묘한 동거생활은 막을 내렸다.

난 가까스로 혼자 생계를 꾸려가며

선생님한테서 받은 자산으로 다시 꿈을 향해 움직이기 시작했다.

물론 선생님의 가르침인 에셋 얼로케이션의 운용 방법으로.

선생님과는 일주일에 한 번은 꼭 메일을 주고받았다.

여전히 잘 지내는 것 같다.

우에엥!
우에엥!
이런, 미안해.
다음에
다시 전화할게.
그래
그래
오케이~.
아베한테도
안부 전해 줘.
왠지
선생님의
삶 자체가
마치 경제시장
같지 않니…?
멈춰 있지
못 하는 점이.
아하하하하.
그 말이
딱이네.
자박
네~.
자박
사치 씨.
전에 말씀드린
아이와
관공서 분께서
오셨어요.

제목

악도 정돈 보내란 말이다!

새로운 메일이

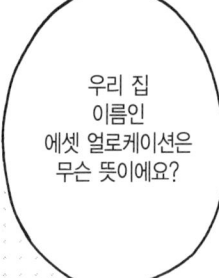

당신의 꿈은 무엇입니까?

에셋 얼로케이션(자산배분)을 생각한다

이제까지 배운 장기 투자로 자산을 착실하게 불리는 방법에 대해 정리해봅시다.

장기 투자에서 가장 중요한 것은 에셋 얼로케이션(자산배분)입니다. 타이밍이나 종목 선택을 시작하기 전에 우선은 어떤 자산에 어느 정도 금액을 배분할 것인지 생각해 보세요. 투자 타이밍이나 종목 선택에 시간을 오래 끌어도 그렇게까지 큰 투자 성과로 연결되지는 않는 법입니다.

그리고 투자 초보자가 처음으로 활용해야 할 상품은 투자신탁입니다. 투자신탁은 1만 원부터 분산 투자를 실천할 수 있는 편리한 상품입니다. 그중에서도 특히 시장평균과 같은 운용 성과를 지향하는 인덱스 펀드를 활용하는 것을 적극 권장합니다. 시장평균을 웃도는 수익을 지향하는 액티브 펀드는 어느 것을 택해야 할지 선별하기가 여간 어렵지 않고 수수료가 비싼 경우가 많기 때문입니다. 인덱스 펀드는 인터넷으로 증권 거래를 하면 수수료가 들지 않는 노로드 펀드일 경우가 많으므로 비용을 낮출 수 있습니다.

적립을 계속한다

펀드는 매달 정해진 금액을 자동적으로 매입하는 '적립'이 가능합니다. 적립식 펀드를 이용하면 투자 타이밍을 고민할 필요 없이 시간을 분산시켜 투자할 수 있습니다. 적립을 통해 달러 평균법을 실천할 수 있는 것입니다. 이것은 주가가 저렴할 때 비교적 많이 매입할 수 있는, 큰 실패를 피하기 위한 투자법입니다.

정기적으로 투자를 관리한다

투자는 시작도 중요하지만 지속하는 것도 중요합니다. 정기적으로 자산을 체크하고 자신의 목표대로 투자가 이루어지고 있는지 확인해야 합니다. 그것이 바로 모니터링과 리밸런스입니다. 자신의 전체 자산의 리스크를 대략적으로 파악하기 위해 필요한 수순입니다.

투자는 도박이 아닙니다. 돈과의 관계를 바꾸고 자신의 장래를 디자인할 수 있는 강력한 도구입니다. 만약 이제까지 당신의 삶이 마음먹은 대로 되지 않았다 해도 그것은 과거지사일 뿐! 앞으로의 인생을 바꾸기 위해 돈과 친해질 방법을 생각하고, 당장 할 수 있는 일부터 행동에 옮기는 것이 어떨까요?

MANGA HAJIMETE NO TÔSHI DAISAKUSEN
Text Copyright © 2009 by Shinobu NAITO
Illustrations copyright © 2009 by Nao AYAFUJI
Scenario copyright © 2009 by Tatsuya ITO
First published in 2009 in Japan by PHP Institute, Inc.

Korean translation rights © 2011 by Sallim Publishing Co., Ltd.
Korean translation rights arranged with PHP Institute, Inc.
through Japan Foreign-Rights Centre/ Shinwon Agency Co.

이 책의 한국어판 저작권은 신원 에이전시를 통한 PHP Institute,inc.와의 독점계약으로
한국어 판권을 '(주)살림출판사'가 소유합니다.
저작권법에 의하여 한국 내에서 보호를 받는 저작물이므로
무단전재와 복제를 금합니다.

만화 재테크 투자 전략 7일 만에 끝내기

펴낸날	**초판 1쇄 2011년 9월 2일**

지은이	**나이토 시노부**
감수	**박유연**
옮긴이	**오경화**
펴낸이	**심만수**
펴낸곳	**(주)살림출판사**
출판등록	1989년 11월 1일 제9-210호

경기도 파주시 교하읍 문발리 파주출판도시 522-1
전화 031)955-1350   팩스 031)955-1355
기획·편집 031)955-1373
http://www.sallimbooks.com
book@sallimbooks.com

ISBN 978-89-522-1476-8 17320

※ 값은 뒤표지에 있습니다.
※ 잘못 만들어진 책은 구입하신 서점에서 바꾸어 드립니다.

책임편집	**이명선**